Desatando la Pasión

Desatando la Pasión

EXPLORANDO NUEVAS FRONTERAS EN LA INTIMIDAD

DRA. SILMA QUIÑONES

PRIMIX
PUBLISHING
THE WRITE CHOICE

Primix Publishing
485c US Highway 1 South
Suite 100
Iselin, NJ 08830
www.primixpublishing.com
Phone: 1-800-538-5788

Published by Primix Publishing: 08/20/2024

ISBN: 979-8-89194-269-1(sc)
ISBN: 979-8-89194-270-7(e)

Library of Congress Control Number: 2024913581

Any people depicted in stock imagery provided by iStock are models, and such images are being used for illustrative purposes only.

Certain stock imagery © iStock.

Desatando la Pasión: explorando nuevas fronteras en la intimidad

Contenido

Agradecimientos

Quiero expresar mi más profundo agradecimiento a mi familia y amistades, cuyo apoyo incondicional ha sido fundamental en la creación de este libro. Su amor y comprensión me han dado la fuerza y la inspiración necesarias para explorar y compartir estos temas tan importantes.

Especialmente, quiero agradecer a aquellos que, de manera espontánea, me han dado las gracias por ayudarles a entender algunos de los retos de la vida cotidiana. Sus palabras de aliento y reconocimiento han sido una fuente constante de motivación y me han recordado la importancia de este trabajo.

A todos ustedes, gracias por estar a mi lado y por creer en mí. Este libro es tanto suyo como mío.

Dedicatoria

A todas las personas que comprenden la importancia de la relación de pareja y están comprometidas en mantener el amor y la pasión viva. Este libro es para ustedes, que buscan constantemente nuevas formas de fortalecer y enriquecer su conexión íntima. Que sus corazones sigan latiendo al unísono y que la llama de su amor nunca se apague.

Desatando la Pasión:

EXPLORANDO NUEVAS FRONTERAS EN LA INTIMIDAD

Introducción

En el tiempo libre, las dos actividades más populares son comer y tener sexo, en ese orden. Los videos, fotos y comentarios en las redes sociales suelen mostrar salidas a cenar en lugares espectaculares, experiencias de compartir en pareja o intentos de atraer con fotos sensuales y atractivas. Estos temas tienen muchos seguidores y respuestas, ya que son de gran interés. Responden a procesos muy naturales y necesarios para cada uno de nosotros y para la humanidad. Si no nos alimentamos, morimos. Si no tenemos sexo, no nos reproducimos y la humanidad se extinguiría. Pero más allá de la necesidad de procrear, el sexo es una fuerza motivadora muy fuerte y tiene muchos elementos que producen placer, además del orgasmo, que nos mueven a vivirla. La intimidad sexual produce placer intenso, tanto físico como emocional, desencadena procesos que abonan a la salud y al bienestar físico, además de promover la cercanía e intimidad emocional entre la pareja.

Sin embargo, lo que las redes sociales, las películas y las novelas de amor evidencian no siempre refleja la realidad. Hay personas que, aunque estén en un restaurante fabuloso, no lo disfrutan. De igual manera, hay personas que tienen pareja, pero no disfrutan del sexo como quisieran. La experiencia sexual responde a muchísimos elementos. Entonces, es una experiencia que se desea por el placer que se experimenta, pero no como una obligación o requerimiento. Se explora y disfruta el sexo cuando quieres y cómo quieres, excepto si estás en pareja.

Si la fidelidad es parte del compromiso con tu pareja, entonces hay una responsabilidad con ese acuerdo. Tu pareja te va a buscar para esa intimidad y lo ideal es que tú también lo desees. Puede ser que tu pareja disfrute de unas experiencias que quizás a ti no te producen igual placer. Por otro lado, el instinto biológico/sexual hace que la atracción inicial sea intensa e insaciable. Con el tiempo, y una vez se procrea y se entran en otros roles y procesos, la magia de la atracción inicial va perdiendo fuerza. Si a eso le añadimos la creencia popular de que la frecuencia e intensidad del sexo es reflejo del amor que los une, y cuando no hay sexo se piensa que ya no hay amor ni compromiso de pareja, entonces la presión de vivir la intimidad sexual con éxito es muy grande.

Por otro lado, la intimidad sexual produce gran placer, tanto físico como emocional, desencadena procesos que abonan a la salud y al bienestar físico, además de promover la cercanía e intimidad emocional entre la pareja. El orgasmo, por ejemplo, ayuda a disminuir la intensidad de un dolor físico. Algunas personas encuentran que les alivia las tensiones y les ayuda a lograr el sueño. El sistema inmunológico se activa con los abrazos, las caricias y la cercanía. En un momento difícil en la vida de pareja, el sexo puede ser la transmisión más clara de la expresión "te amo". La sexualidad no es solo un elemento necesario para la procreación de hijos, ni debe descartarse como si fuera un lujo del cual se puede prescindir. El sexo es parte integral de la vida en pareja.

Sin embargo, la sexualidad no es una experiencia sencilla, ya que entran en juego innumerables elementos significativos. La costumbre de mantener el sexo como un tema del cual no se debe hablar abiertamente pone en riesgo a las personas, especialmente en el momento en que comienzan a tener experiencias sexuales. La educación sexual es un tema muy controversial, pero la realidad es que muchas personas ya a los 11 años han tenido algún encuentro sexual. A esa edad, esas experiencias pueden marcar la sexualidad de tal manera que ni cuenta te das ni las asocias con tus experiencias íntimas ya de adulto. La sexualidad envuelve tantos elementos, que las conversaciones, talleres y seminarios sobre el tema nunca terminarían. La educación sexual es muy importante y sigue siendo muy limitada para la complejidad de la experiencia sexual.

Como adulto y como pareja, esa intimidad sexual es demasiado importante como para que la vivas sin información que te ayude a entender los beneficios y retos de esta. Recuerdo escuchar de una pareja su preocupación sobre lo infrecuente de los encuentros sexuales y poco después en la sesión me revelan que ninguno de los dos sabe qué es lo que excita a su pareja. Habían escuchado lo importante que era ser creativos en el sexo, que la variedad y la creatividad eran necesarias para lograr la satisfacción sexual a través del tiempo; pero ellos no entendían cómo serlo.

Cuando leas estas líneas, recuerda que en ellas no se intenta cubrir todas las áreas relativas a la sexualidad. Tómalas como guías generales, quizás innovadoras para ti. Nuestra intención es, sobre todo, fomentar que disfruten y tengan mayor flexibilidad y creatividad ante el sexo. La rigides y el temor son elementos que limitan grandemente a la hora de hacer el amor. Aunque es sabio recomendar la moderación como practica porque tiene la intención de proteger, la definición de moderación también incluye el no descartar las experiencias nuevas, aún cuando inicialmente parezcan ser un cambio grande.

La Variedad del Placer: ¿Qué es realmente normal?

No existe una definición de lo que es sexo normal. Mientras unas personas piensan que las relaciones orales son "normales", otras creen que son "anormales". Los límites que se establecen en la sexualidad por lo general responden a factores tales como creencias religiosas y moral social, y no a criterios estrictamente relacionados a la salud mental o física. La adicción sexual, el sadomasoquismo y el fetichismo son algunas de las "desviaciones sexuales" que se identifican frecuentemente como "enfermedad". Sin embargo, el definir una conducta como enfermedad no le corresponde a la pareja, ni al sacerdote, los padres o las amistades. Sólo un psicólogo, sexólogo o psiquiatra puede diagnosticar y establecer si una conducta es atípica o enfermiza. Es importante, no obstante, que cada pareja identifique unos elementos esenciales de sus experiencias sexuales.

¿Disfrutas la experiencia sexual?

¿Puedes lograr un orgasmo?

¿Te satisface la frecuencia con que haces el amor?

¿Prefieres no tener relaciones sexuales?

¿Sientes que tienes control de tu conducta sexual?

¿Puedes disfrutar tu cuerpo sin sentirte restringida/o y/o cohibida/o?

¿Complaces sexualmente a tu pareja?

El sexo deber ser una experiencia en la cual puedas comunicarte con tu pareja, expresarle amor y disfrutar tu cuerpo y el de la otra persona. Debes vivir la sexualidad sin temor, vergüenza o sentimientos de culpa, ni de forma impuesta o involuntaria. La violencia no debe ser parte de tu experiencia sexual. Y cuando digo violencia no me refiero a la agresión física, sino también agresión a tu autoestima y al concepto que tengas de ti.

¿Qué elementos interfieren con el disfrute sexual?

Las parejas que experimentan una disminución en su actividad sexual frecuentemente se cuestionan si es un reflejo de una pérdida de amor. Se piensa con frecuencia que, si la pasión no es igual que antes, entonces el amor tampoco lo es. Sin embargo, el amor y la pasión no son inherentes el uno al otro. Muchas personas también creen que la pérdida de pasión es normal e inevitable en la vida de pareja, lo que es falso. La pasión se puede mantener e incrementar con el esfuerzo de la pareja, pero es necesario tener conciencia de los elementos que pueden interferir significativamente con la experiencia sexual y que no implican que se sienta menos amor. Muchos de esos elementos tienen que ver con el individuo y no con la dinámica que se da entre la pareja.

Un seguro obstáculo para tu disfrute sexual es los miedos y los mitos con respecto al sexo que te hayan fomentado en la niñez o en los momentos en que el tema del sexo haya surgido. Los niños reciben mucha información distorsionada sobre el sexo, desde que los recién nacidos son traídos por una cigüeña hasta la visión de que el sexo es malo y hace daño. Es frecuente que las ideas sobre el sexo fomenten temor o inhibición. Muchas de esas ideas se expresan con la intención de convencer a la gente de que no tenga experiencias sexuales fuera de las relaciones socialmente aceptadas. En la sociedad también se expresan muchos mitos sobre el sexo que se aceptan como si fuesen verdaderos, como, por ejemplo: "el hombre necesita más del sexo que la mujer".

Si has creído todos los cuentos y mitos que has escuchado sobre el sexo, es posible que vivas limitadamente la sexualidad y tengas desacuerdos sexuales con tu pareja. Es importante que leas sobre la sexualidad y aclares tus dudas al respecto con personas de confianza.

Limpia tu mente de ideas falsas sobre el sexo, que por lo general sólo logran hacer sentir incomodidad.

Otro posible obstáculo son las experiencias traumáticas vividas en la niñez, que generalmente dificultan las experiencias sexuales en la adultez. Entre estas experiencias traumáticas se incluyen el incesto, el abuso sexual por parte de una persona ajena a la familia, el maltrato físico y el abuso por negligencia. Por ejemplo, las personas que han sufrido incesto tienden a guardar en secreto lo vivido, pensando que así podrán olvidar la experiencia. Sin embargo, la realidad es que estas experiencias traumáticas afectan negativamente la sexualidad en la adultez. Estas personas tienden a evadir el sexo, a querer vivir sin él, a resentir los acercamientos y a reaccionar frecuentemente como si su pareja fuera el abusador de su niñez.

Es importante que busques ayuda profesional si has sido víctima de incesto o de cualquier otra experiencia traumática que esté afectando la manera cómo percibes el sexo, ves a las demás personas o te sientas contigo misma. En muchas ocasiones se piensa que el problema está en la relación o en la pareja, cuando en la realidad las raíces están escondidas en traumas del pasado. Si tu pareja ha sido víctima de algún trauma, ten paciencia. Motívala a buscar ayuda y coopera con sus esfuerzos. Es importante que no subestimes el impacto negativo que esas experiencias del pasado puedan estar teniendo en su vida.

Otro obstáculo para el disfrute sexual son las experiencias de maltrato vividas en pasadas relaciones de pareja, ya que muchas personas han sido llevadas a creer que son feas, tienen defectos y no funcionan sexualmente. Es frecuente observar que personas que tienen complejos maltratan a sus parejas y las hacen sentir mal con relación a su personalidad y sexualidad. Hay personas que le dicen a su pareja que es frígida, cuando en realidad es que no dedican suficiente tiempo a excitarla.

Examina tus relaciones pasadas. ¿Han sido positivas? ¿Te han fomentado el expresarte libremente en el sexo y sentirte bien contigo misma? Si en relaciones pasadas has sido maltratada o maltratado emocionalmente, tu relación se verá afectada negativamente, a menos que logres diferenciar tu actual relación de las anteriores. Es necesario que explores tu sexualidad sin prejuicios negativos. Comparte tus experiencias pasadas con tu pareja o con una persona de confianza, para que aclares dudas y puedas corregir pensamientos equivocados. Tu pareja no es tu terapista, pero al menos al compartir sobre tus experiencias pasadas pueden distinguirlas de las presentes y aclarar dudas.

Elementos del diario vivir, tales como ansiedad, preocupaciones y tristeza, también pueden interferir de manera significativa en tu experiencia sexual. Hay personas que se pasan la vida preocupada por la familia, el trabajo, las finanzas o la política. En su mente hay alguna idea, problema o situación que no les permite concentrarse en otros asuntos. Cuando llega el momento de hacer el amor, tampoco pueden concentrarse lo suficiente. Hacen el amor sin darse cuenta, están, pero no están. Para disfrutar el sexo es importante desconectarse de aquellos asuntos que no sean relevantes. Si eres una de las personas que no se puede concentrar en la experiencia del momento, te sugiero que no cierres los ojos mientras haces el amor. Mejor observa atentamente a tu pareja y haz un esfuerzo por poner todos tus sentidos en lo que estás viviendo. Si logras disfrutar la experiencia del sexo, te aseguro que estarás en mejor condición para enfrentar tus problemas y preocupaciones. Es importante que programes el tiempo que usarás para preocuparte y asegurarte de que no sea mientras haces el amor.

Es frecuente que el sexo provoque ansiedad porque la sexualidad está muy ligada a la identidad de la persona. También tiende a crear ansiedad el constante bombardeo que recibimos en los medios de comunicación sobre cómo ser expertos en el sexo. Todos quieren satisfacer sexualmente a sus parejas, nadie quiere cometer errores a la hora de hacer el amor. Si una persona se siente insegura con relación al sexo, tiende a tornarse ansiosa, lo que a su vez no le permite concentrarse en hacer el amor. Esta situación tampoco permite que la persona ansiosa se suelte o se deje llevar por la pareja. A la hora de hacer el amor, es importante relajarse y no imponerse metas.

Hay personas que erróneamente piensan que es necesario tener un orgasmo para disfrutar la experiencia sexual. Otras llegan al extremo de darse puntos por cuán intenso haya sido el orgasmo. Otros llevan registro de cuántos orgasmos tienen o han tenido con parejas para identificar el nivel de amor, etc. El sexo no es como la escuela, donde se da una calificación de acuerdo con el nivel de ejecución. Si haces el amor con la preocupación de que tienes que lograr una "A", es muy probable que obtengas "F".

Otro obstáculo para el disfrute sexual es el cansancio y agotamiento físico, por lo que las personas que trabajan mucho y descansan poco están a riesgo de perder apetito sexual. Las personas que acostumbran a hacer el amor luego de terminar todas las tareas del día, incluyendo acostar a los niños, muchas veces ven vencida su pasión por el agotamiento. El cuerpo requiere muchísima energía para la experiencia sexual, por lo que es necesario que reserves energías para hacer el amor. No trates de resolver todos los asuntos en un sólo día, máxime si eso implica que llegarás a la cama agotada o que te quedarás dormida en la fase inicial de la seducción.

Si tú o tu pareja están cansados, pero desean hacer el amor, necesitan tomar medidas especiales. Les sugiero que no apaguen las luces porque la obscuridad tiende a asociarse con dormir. Si es posible, busquen hacer el amor fuera del dormitorio, por lo menos en lo que se excitan. Ofrézcanse estímulos que promuevan el despertarse. Un baño con agua caliente, por ejemplo, los pondría a dormir, mientras una ducha fría los despertaría. Es necesario que inviertan más tiempo en el coqueteo y el juego para lograr un mayor estado de excitación. Una vez hayan logrado excitarse, se olvidarán del cansancio.

Otro obstáculo para el disfrute sexual puede ser las enfermedades físicas, porque tienden a poner irritables y molestas a las personas. Los resfriados no solo te quitan el apetito para comer, sino también para el sexo. Si tú o tu pareja están enfermos, deben tomar en consideración que la disposición y el interés para hacer el amor no serán iguales que cuando están bien de salud. Si aun así desean tener sexo, deben dedicar más tiempo a entusiasmarse. También deben estar dispuestos a asumir posiciones distintas dependiendo del estado físico de la persona enferma. La masturbación mutua es una alternativa bien funcional para personas que no tienen mucha movilidad o energía. Es importante recalcar que, en medio de una enfermedad, la experiencia sexual puede ser bien positiva para la persona afectada. Estudios recientes señalan, por ejemplo, que el orgasmo alivia el dolor de cabeza. Así que, si estás enferma, mira el sexo como un alivio y no como una amenaza.

La experiencia sexual es similar a la experiencia de bailar. Ambas requieren soltura corporal y confianza en que se puede disfrutar. Si eres una persona que tiende a ser rígida e inhibida, tendrás dificultad a la hora de hacer el amor. Las personas tímidas que frecuentemente desean pasar desapercibidas tienden a sentirse incómodas con una intimidad sexual. Hay personas, por ejemplo, que nunca se han observado desnuda frente al espejo. Ni han vivido la experiencia de acariciarse y mucho menos de masturbarse.

Estas personas desconocen su cuerpo y la mayoría de las veces se sienten incómodas con su físico. La intimidad sexual con la pareja implica que otra persona admirará tu cuerpo, lo tocará y jugará con él. Necesitas entonces sentirte a gusto con tu cuerpo para que la experiencia con tu pareja no te resulte incómoda. Algunas personas buscan hacer el amor en la oscuridad para que no las puedan observar. Otras se esconden debajo de la sábana o usan algún tipo de ropa. Si esa es tu realidad, comienza a explorar tu cuerpo. Acaríciate y descubre tus áreas más sensibles hasta que te sientas libre de vergüenza y pudor. Mírate en el espejo hasta que te sientas cómoda con lo que observas. Los cuerpos no son perfectos, todos tenemos algo que quisiéramos cambiar o eliminar. Sin embargo, el disfrute sexual no depende de cuerpos perfectos. Sino de cuánta comodidad sientas con tu cuerpo y tu sensualidad.

Dinámicas de la pareja que interfieren con el disfrute sexual

Al igual que existen obstáculos para el disfrute sexual que tienen que ver con el individuo, existen elementos que surgen en el intercambio con la pareja. Estos elementos tienen que ver con la calidad de la relación y la interacción entre ambas personas. El nivel de diálogo y comunicación entre la pareja es uno de esos elementos cruciales en la intimidad sexual.

El sexo requiere en gran medida que los miembros de la pareja se pongan de acuerdo, incluso sobre cuál día desean hacer el amor y las cosas que les gustaría hacer como parte de esa experiencia sexual. Una persona que desea hacer el amor, pero no se lo comunica a su pareja, puede llegar emocionada a la casa y encontrar que la otra persona se acostó a dormir, invitó amigos a la casa o programó alguna otra actividad. Muchas personas esperan que su pareja adivine, por arte de magia, cuando ellas desean hacer el amor, quizá porque les resulta incómodo decir sencilla y abiertamente que desean sexualmente a su pareja. Es importante enviarle a tu pareja un mensaje claro de que la deseas sin tener que ser torpe ni poco romántica. Escucha bien su respuesta y asegúrate de que tu pareja entendió tu mensaje antes de llegar a la conclusión de que no desea hacer el amor. En ocasiones puedes recibir una respuesta que no implique un no rotundo.

"Ahora no siento deseo, pero estoy dispuesta a que me entusiasmes."

"Mi mente quiere, pero mi cuerpo está cansado."

"Si logro terminar este trabajo temprano, me interesará tu proposición."

Las pasadas respuestas te dan información clara a la cual puedes responder en forma específica.

"Muy bien te espero."

"Ok, mejor me acuesto a descansar y lo dejamos para mañana."

"Pues, estoy en la disposición de intentar excitarte."

La situación tiende a complicarse muchísimo cuando los mensajes no son claros y se prestan para ser ignorados o malinterpretado. El rechazo inicial al acercamiento íntimo no necesariamente implica un rotundo "no", ni mucho menos que tu pareja ya no te ame o sienta atracción sexual por ti. A menos que allá un patrón sostenido de rechazo o distanciamiento es bien probable que con buena comunicación, descanso y creatividad, se pueda lograr el encuentro sexual que deseas.

También es muy importante dialogar sobre las cosas que te gustan o no te gustan como parte de la experiencia sexual. Es cierto que resulta placentero que tu pareja te explore sexualmente por su cuenta, pero también es fundamental que le informes cuáles son tus áreas más sensibles y las cosas que disfrutas o te incomodan. Se ha encontrado, por ejemplo, que las mujeres que son asertivas y dialogan sobre el sexo con su pareja experimentan más orgasmos que las mujeres que se quedan calladas.

En ocasiones, ese diálogo se dificulta debido a la falta de confianza entre la pareja. La confianza está relacionada con cuán cómoda se siente una persona para ser espontánea y sincera. Las parejas, dependiendo de las experiencias que vayan teniendo, irán alcanzando mayor confianza para ser sinceras. Típicamente, una de las personas se arriesga primero a hacer o hablar sobre cosas íntimas o secretas. Las personas se arriesgan a pesar de que sienten temor de que su pareja reaccione de manera negativa, ya sea que se burle, se enoje o lo subestime. Cuando la reacción de la pareja es positiva, no solo se comparte bien ese momento, sino que ambos sienten más confianza para ser sinceros. La sinceridad y la apertura para compartir asuntos íntimos abona grandemente en la confianza que se tiene en la relación y esto es un asunto muy importante, especialmente para las mujeres.

Hay parejas, por ejemplo, que nunca se han bañado juntas y, aunque a una de las personas le gustaría hacerlo, no se atreve a sugerirlo porque su pareja cierra la puerta con seguro cuando entra al baño. Sin embargo, a una persona que al menos haya podido entrar y salir del baño mientras su pareja se baña se le haría menos difícil hacer la proposición. Por otro lado, si conversan sobre el asunto de una manera que refleje curiosidad, respeto y aceptación podrían descubrir que la persona lo hace de manera automática y como hábito pues desde pequeño en su familia grande eso era importante para tener algo de privacidad.

La confianza se construye poco a poco y no surge simplemente porque dos personas se amen. Se logra al arriesgarse a compartir cosas íntimas y al reaccionar con respeto a la persona que se sincera y se muestra tal como es. Nunca te burles de tu pareja. Presta atención cuando te hable y considera sus emociones, aunque no sean iguales a las tuyas. Tampoco debes juzgar sus experiencias, gustos e intereses como buenos o malos, porque el hecho de que sean diferentes a los tuyos no implica que valgan menos.

Otra dinámica de pareja que interfiere con el disfrute sexual es la acumulación de coraje y resentimiento. En el intercambio con otra persona, a veces surgen diferencias, roces y malos ratos. Es frecuente que las parejas digan o hagan cosas que hieren u ofenden. El resentimiento surge en el momento en que una persona que experimenta coraje o dolor por sentirse ofendida o no amada prefiere callar. Muchas personas se callan porque temen que la situación empeore si hablan. Esas personas no comprenden que el resentimiento que surge del coraje callado hace mucho más daño que aquel que se expresa abiertamente. Cuando su pareja se le acerque, la persona resentida recordará el suceso que le hizo sentir dolor y no podrá reaccionar de forma normal. El resentimiento hará que la persona ofendida se restrinja y no pueda expresar cariño, y mucho menos hacer el amor.

Si se acumula mucho resentimiento, la intimidad sexual se verá muy afectada. Es común, especialmente al principio de la relación, que surjan mal entendidos. Cuando sientas coraje o te sientas dolida u ofendida, dialógalo con tu pareja. Si lo hablas, se te hará más fácil no acumular resentimiento aun cuando no encuentren solución al problema que haya dado paso a esos sentimientos. Con solo haberlo expresado, ya te estás liberando de un secreto que recordarías cuando tu pareja se te acercara. Acostúmbrate a hacer una revisión diaria de cómo te sientes con tu pareja y trata de no acumular el coraje de un día para otro.

Eso no quiere decir que vas a estar quejándote todo el tiempo. Si entiendes que tienes buenas razones para estar quejándote todo el tiempo, algo anda mal. Si eres tú quien se queja y otros te han dicho que te quejas muy frecuentemente, te tengo buenas noticias. Puedes aprender a agradecer y a disfrutar sin criticar. Es un asunto de personalidad que puedes cambiar descubriendo porqué actúas así y aplicar las estrategias para hacerlo diferente. Cuando te liberas de esa conducta todos a tu alrededor se benefician y mejoran las relaciones.

Tú te sentirás sin tanta incomodidad y tensiones y podrás amarte aún más. Mientras más resentimiento acumules, más difícil se te hará librarte de ello. Pero, si lo dialogas se reducirá la gravedad de los incidentes y del resentimiento.

Hay personas que recurren al castigo cuando las cosas no son como ellas quisieran o cuando tienen coraje. Es frecuente observar que las personas castigan a su pareja dejando de cocinarle, hablarle, darle dinero o hacer el amor. Muchas imponen como castigo la ausencia de sexo: "Como has sido tan desconsiderada conmigo, no voy a hacer el amor contigo por una semana". Otras usan el sexo como recompensa o condición: "Hasta que no dejes de fumar, no voy a hacer el amor contigo". Qué grave error. El sexo es tan complejo y delicado que nunca debe utilizarse como condición, chantaje o castigo. Si no sientes deseos de hacer el amor, no lo hagas, pero no lo uses como herramienta de manipulación porque vas a herir a tu pareja y le vas a hacer daño a la relación.

No todos los obstáculos para el disfrute sexual surgen por conflictos entre la pareja. El aburrimiento es uno de los mayores impedimentos en la sexualidad, especialmente en relaciones de larga duración. Muchas parejas caen en la rutina. Sus días están programados y las actividades creativas son pocas o inexistentes. Por ejemplo, hay parejas que trabajan durante la semana, dedican los sábados a limpiar la casa y los domingos a visitar a sus respectivas familias. No tienen variedad en sus conversaciones porque ya conocen todas las historias viejas, y las nuevas las han vivido juntas. Aunque visten con ropa moderna, mantienen el mismo estilo.

En el sexo también han caído en una rutina. Hacen el amor después de bañarse y antes de acostarse a dormir. Ya no ponen música como antes, ella ya no se pone ropa seductora y él no habla durante el intercambio sexual. Asumen las mismas posiciones sexuales y promedian entre 10 y 15 minutos para alcanzar un orgasmo que disfrutan la mayoría de las veces, y el resto de las veces se conforman. Son parejas que se sienten cómodas con su vida sexual porque no existe conflicto y la frecuencia es suficiente como para no preocuparse.

Cuando ven escenas de amor en el cine se emocionan, pero piensan que esa no es la realidad, sino solo cine. A veces comentan a sus amistades de confianza que pueden vivir sin sexo. Sin embargo, en otras ocasiones anhelan recobrar la chispa que sintieron las primeras veces que hicieron el amor con su pareja.

Los seres humanos necesitamos variedad para mantener el interés. La razón por la cual la gente no se aburre de bailar merengue, por ejemplo, es porque las canciones son nuevas, hace tiempo que no las bailan. Es lógico que las personas se aburrirían si tuvieran que bailar el mismo paso y la misma canción. Mucha gente busca la variedad compartiendo con diversas personas. Pero además del riesgo de contagiarse de alguna enfermedad de transmisión sexual, los encuentros fugaces o las infidelidades en una relación muchas veces traen frustración y malos ratos. La persona nueva no te conoce. Ni tú la conoces a ella. Así que vas a estar ansiosa y tensa. Lo ideal sería sentir la chispa y la pasión con tu propia pareja, a quien ya conoces y con quien sientes confianza. ¿La solución? Hay que ser creativos en el sexo.

El órgano sexual más importante: el cerebro

Cuando pensamos en la intimidad sexual, las imágenes que surgen están ligadas a nuestros cuerpos, especialmente a nuestros órganos genitales. Sin embargo, no solemos pensar en el cerebro. No obstante, el cerebro es clave durante toda la experiencia sexual, desde la definición de la pareja sexual ideal hasta la excitación y el orgasmo. Nada de la experiencia sexual ocurre sin la participación directa del cerebro.

El cerebro juega un papel crucial en la sexualidad humana. Es el centro de nuestras emociones, pensamientos y deseos, y es donde se originan las fantasías y la excitación sexual. A través de la liberación de neurotransmisores y hormonas, el cerebro regula la respuesta sexual y la sensación de placer.

La mente puede influir en la experiencia sexual de muchas maneras. Por ejemplo, el estrés y la ansiedad pueden inhibir la excitación y el deseo, mientras que la relajación y la confianza pueden mejorar la intimidad y el disfrute. La comunicación abierta y honesta con la pareja también es fundamental para una vida sexual satisfactoria, ya que permite expresar deseos, necesidades y límites.

Además, la imaginación y la creatividad son herramientas poderosas que el cerebro utiliza para mantener la chispa en una relación a largo plazo. Las fantasías, los juegos de rol y la exploración de nuevas experiencias pueden revitalizar la vida sexual y fortalecer el vínculo emocional entre las parejas.

En resumen, el cerebro no solo es el órgano sexual más importante, sino también el más versátil y poderoso. Cuidar de nuestra salud mental y emocional es esencial para disfrutar de una vida sexual plena y satisfactoria.

La complejidad del cerebro y los términos científicos no son fáciles de entender ni recordar. Quiero provocar el interés en entender y luego puedes hacer lecturas científicas que comprueben y den detalles de los procesos neurológicos relacionados a la sexualidad y el disfrute del sexo.

Los frutos de la experiencia sexual van más allá del orgasmo. Para muchas personas, la variedad en la experiencia sexual se encajona entre una noche apasionada y un "quickie". La mayoría de la gente repite lo que ve en películas y en los medios, proponiéndose tener la misma experiencia apasionada al repetir escenarios, rutinas y posiciones físicas. Sin embargo, si logras entender cómo el cerebro vive la experiencia sexual, podrás alcanzar una calidad y pasión con tu pareja a un nivel de mayor satisfacción.

Imagínate que una persona pretenda manejar un auto basándose únicamente en cómo ha observado a otros manejando. Es posible que logre utilizarlo de una manera mínima, pero probablemente de forma accidentada, y cuando el auto ya no avance, se preguntará por qué no enciende. Un detalle sencillo para explorar es si tiene gasolina. Luego, dónde y cómo se le echa la gasolina. De manera accidentada, irá aprendiendo que hay gasolina con y sin plomo, que no puedes echarle gasolina diésel si tu auto no es de esos, que es mejor echarla en la mañana, que no es bueno esperar a que el tanque esté vacío, y que es mejor arrancar despacito. ¿Te suena familiar? Pues la experiencia sexual comparte muchos de esos elementos y experiencias.

Pretendo provocar en ti una nueva mirada a la experiencia sexual que puede facilitarte en gran manera la pasión y el disfrute de dicha intimidad.

El cerebro sexual

Nuestro cerebro, que solo pesa alrededor de tres libras, controla lo que observamos, sentimos y hacemos durante el sexo. En ese orden: primero, recibimos información a través de los sentidos. Luego, el cerebro la descifra y la asocia a una emoción. Lo próximo es que tiene una reacción que se traduce en acciones (lo que decimos y lo que hacemos). Te comparto una explicación más detallada de como el cerebro y sus diferentes partes participan en la experiencia sexual.

Nuestros sentidos (vista, oído, tacto, olfato y gusto) son los primeros en recibir estímulos sexuales. Estos estímulos pueden ser visuales, auditivos, táctiles, olfativos o gustativos.

La *amígdala*, una pequeña estructura en el cerebro, es responsable de procesar las emociones. Cuando recibe los estímulos de los sentidos, los evalúa y define si son placenteros, excitantes o incluso amenazantes.

El *hipocampo*, que está involucrado en la formación de recuerdos, compara los estímulos actuales con experiencias pasadas. Basado en esta comparación, da instrucciones sobre cómo reaccionar. Por ejemplo, si una caricia en el cuello ha sido placentera en el pasado, el hipocampo lo recordará y enviará señales para que el cuerpo responda de manera similar.

El *hipotálamo*, una región del cerebro que regula muchas funciones corporales, recibe las instrucciones del hipocampo y activa el cuerpo. Esto puede incluir la liberación de hormonas como la oxitocina y la dopamina, que aumentan la excitación y el placer. También puede aumentar la frecuencia cardíaca, la respiración y la circulación sanguínea hacia los órganos sexuales.

Este proceso muestra cómo diferentes partes del cerebro trabajan juntas para crear una experiencia sexual completa y satisfactoria. Estamos acostumbrados a explicar el amor y el disfrute desde el corazón, desde la genitalia cuando es en el sistema límbico del cerebro y sus partes, ya descritas, que están las claves del disfrute sexual. Entender estos mecanismos puede ayudarte a mejorar la calidad y la pasión en tus relaciones sexuales.

Durante este proceso, lo que pensamos es muy limitado y tiene poca fuerza. La parte pensante en este proceso no es la protagonista. La ciencia nos dice que una vez el cerebro registra elementos que excitan, se activan muchos procesos que no responden a la parte pensante del cerebro. La cadena de eventos neurológicos que se desencadenan tras la excitación es compleja, intensa y muy rápida. La parte pensante del cerebro no es prioridad en este momento.

Tan es así que, después del orgasmo, el cerebro masculino experimenta un proceso intenso que lo lleva a dormir y, en aproximadamente media hora, a producir más espermatozoides para poder reiniciar el acto sexual. La supervivencia de la raza humana depende de que el sexo se logre, y esa es la prioridad biológica.

Una vez activados los procesos de la intimidad, la capacidad de pensar de manera racional se ve muy limitada. Por ejemplo, durante la intimidad sexual, preguntarte dónde se guardó el profiláctico puede llevarte a pensar que no hace falta usarlo y que no va a pasar nada. Sin embargo, estos pensamientos pueden resultar en consecuencias no deseadas, como un embarazo no planificado.

El proceso sexual es una compleja interacción de señales neurológicas y químicas en el cerebro. Para que se cumpla el proceso sexual, el cerebro activa una serie de químicos que producen diferentes reacciones. La *oxitocina* es una de las más importantes, ya que provoca el acercamiento y el lazo afectivo entre las personas. Esta hormona es a menudo llamada la "hormona del amor" porque también se libera durante el parto y la lactancia, fortaleciendo el vínculo entre madre e hijo.

La *dopamina*, por otro lado, es responsable de la sensación de placer en general. Durante la experiencia del orgasmo, la dopamina produce una sensación explosiva e intensa de placer. Esta es la misma sustancia química que se libera en el cerebro cuando experimentamos otras formas de gratificación, como comer algo delicioso o recibir una recompensa.

Además de la oxitocina y la dopamina, otros químicos como la *serotonina* y las *endorfinas* también juegan un papel crucial. La serotonina contribuye a la sensación de bienestar y felicidad, mientras que las endorfinas actúan como analgésicos naturales, reduciendo el dolor y aumentando la sensación de euforia.

Estas sensaciones a menudo las pensamos como una experiencia corporal, pero en realidad son el resultado de complejas interacciones neurológicas y químicas en el cerebro. Entender estos procesos puede ayudarnos a tener una experiencia sexual más satisfactoria y consciente, ya que nos permite reconocer cómo nuestras emociones y sensaciones están profundamente conectadas con la actividad cerebral.

La piel, efectivamente, es nuestro órgano más grande y está repleta de receptores sensoriales que envían señales al cerebro para interpretar diferentes tipos de estímulos. Estos receptores pueden detectar presión, temperatura, dolor y otras sensaciones. Cuando experimentamos caricias físicas, estos receptores envían señales a través de las neuronas hacia el cerebro, específicamente a la corteza somatosensorial, que es la región encargada de procesar la información táctil.

El cerebro, al recibir estas señales, las interpreta y genera una respuesta emocional y física. Por ejemplo, una caricia suave puede ser interpretada como placentera, mientras que un pellizco fuerte puede ser interpretado como doloroso. Sin embargo, en el contexto de la pasión sexual, el cerebro puede modular estas respuestas. La liberación de neurotransmisores y hormonas como la oxitocina y las endorfinas puede alterar la percepción del dolor, transformando lo que normalmente sería una sensación dolorosa en una experiencia placentera.

Este proceso es tan rápido y automático que a menudo no somos conscientes de la complejidad de lo que está ocurriendo. Si los receptores sensoriales de la piel estuvieran dañados, la capacidad de percibir y reaccionar a estímulos peligrosos se vería comprometida, lo que podría llevar a situaciones peligrosas, como dejar la mano en una estufa caliente.

En resumen, la piel y el cerebro trabajan en conjunto para interpretar y reaccionar a los estímulos táctiles, y este proceso es fundamental tanto para nuestra supervivencia como para nuestras experiencias emocionales y sexuales.

La experiencia sexual, aunque a menudo se percibe como algo simple y natural, es en realidad un proceso increíblemente complejo que involucra múltiples sistemas del cuerpo.

El orgasmo, aunque dura solo unos segundos, tiene un impacto significativo en la salud general. Durante el orgasmo, el cuerpo libera una serie de hormonas y neurotransmisores, como la oxitocina y la dopamina, que no solo proporcionan placer, sino que también tienen beneficios para la salud. Por ejemplo:

1. Beneficios para el corazón: La actividad sexual puede ser una forma de ejercicio cardiovascular, lo que ayuda a mantener el corazón saludable. Además, la liberación de oxitocina y otros químicos durante el orgasmo puede ayudar a reducir la presión arterial.

2. Alivio del dolor: La liberación de endorfinas durante el orgasmo puede actuar como un analgésico natural, ayudando a aliviar dolores como la migraña o el dolor menstrual.

3. Reducción de la ansiedad y el estrés: El orgasmo provoca una relajación profunda y una disminución de los niveles de cortisol, la hormona del estrés. Esto puede ayudar a reducir la ansiedad y mejorar el estado de ánimo general.

4. Mejora del sueño: Después del orgasmo, muchas personas experimentan una sensación de somnolencia y relajación, lo que puede ayudar a mejorar la calidad del sueño.

5. Fortalecimiento del sistema inmunológico: La actividad sexual regular puede ayudar a fortalecer el sistema

inmunológico, aumentando la producción de anticuerpos que combaten las infecciones.

En resumen, la intimidad sexual no solo es una fuente de placer, sino que también tiene múltiples beneficios para la salud física y mental. Nuestras experiencias emocionales y físicas están profundamente interconectadas y el bienestar sexual puede contribuir al bienestar general.

Creatividad y placer:
Más allá de lo Convencional

La variedad en el sexo ha sido abordada de diversas maneras a lo largo del tiempo. En una época, se fomentaba variar las posiciones sexuales, a las cuales se les adjudicaron nombres para simplificarlo un poco. Luego, se promovió hacer el amor fuera del dormitorio, ya fuera en la sala, en la cocina, el patio o un motel, entre muchos otros sitios. Las fantasías sexuales también cobraron auge en un tiempo.

Sin embargo, las parejas continúan quejándose de que están aburridas con su intimidad sexual. Una pareja me cuenta: "Hemos hecho el amor en todos los cuartos de la casa y hasta en el patio. También hemos probado todas las posiciones posibles y hemos fantaseado hasta más no poder. Nos emocionamos por un momento, pero después nos aburrimos de nuevo. ¿Y ahora qué hacemos?"

Es importante entender que un acto variado, pero sin sentido y sin conciencia de cómo se escogió esa alternativa, se vuelve rutinario al cabo de un tiempo. En muchas ocasiones, las posiciones sexuales tienden a asumirse de manera técnica. He escuchado a parejas relatar los malabarismos que han tenido que hacer para acomodar sus cuerpos de manera idéntica a la que observaron en un libro sobre sexo. ¡Qué poco romántico! Las personas que siguen instrucciones, pero no quedan satisfechas tienden a frustrarse y desmotivarse en el proceso de buscar variedad sexual. Es necesario comprender cuáles son los mecanismos que dan lugar a la creatividad sexual, para que, en lugar de depender de instrucciones, las parejas puedan inventar sus propias experiencias fabulosas.

La intimidad sexual es una experiencia que, en los últimos años, se ha tratado de enfocar hacia la comunicación entre la pareja. En otras palabras, se ha planteado la experiencia sexual como una que depende de la calidad de la comunicación entre ambos. La expectativa es que, si la comunicación verbal es buena (frecuente, sincera, abierta), la experiencia sexual será muy placentera. Aunque la buena comunicación verbal siempre es positiva, la experiencia sexual es más física que verbal. Para muchas personas, la conversación en la intimidad no les excita; al contrario, les adormece.

Por otro lado, es frecuente escuchar expresiones que ponen en perspectiva el sexo como una experiencia interpersonal. Se identifica como una expresión de amor, una experiencia de unión sublime entre dos seres humanos. Esta manera de ver la intimidad es muy bonita, pero no debe negar ni olvidar que el sexo también cumple una función biológica: la reproducción. Nuestro cuerpo y cerebro son protagonistas en esta experiencia física y sensorial. Además, el disfrute de la intimidad sexual está relacionado con la calidad de la relación.

Cuando se habla del sexo como una experiencia física o carnal, se está definiendo como una experiencia en la cual están involucrados los sentidos. "Carnal" no implica solo la piel; también incluye la estimulación de los sentidos que llevan información al cerebro. Los estudios realizados sobre la experiencia sexual destacan la importancia del cerebro en la vivencia del orgasmo. Se ha comprobado que el orgasmo depende en gran medida del cerebro, la cual recibe información a través de los cinco sentidos.

Los sentidos son como una especie de buzón que recibe cartas y paquetes. El cerebro abre la correspondencia y decide qué hacer con la información que ha recibido. La reacción a los estímulos o cartas dependerá de diversos elementos, entre los que se encuentran aquellos que anteriormente identificamos como obstáculos para el disfrute sexual. Es necesario que un estímulo sea novedoso y lo suficientemente intenso para que el cerebro lo registre y reaccione a él. Cuando digo novedoso, me refiero a que sea diferente.

La intensidad y la activación de los sentidos en la experiencia sexual son temas fascinantes y complejos que involucran tanto aspectos fisiológicos como psicológicos.

Cada persona tiene un umbral de percepción diferente para cada sentido. Lo que puede ser una estimulación placentera para una persona puede ser demasiado intenso o insuficiente para otra. Esto hace que la comunicación y el conocimiento mutuo sean esenciales para una experiencia sexual satisfactoria.

Con el tiempo, los sentidos pueden adaptarse a ciertos estímulos, lo que puede llevar a una disminución de la intensidad percibida. Por eso, la novedad y la variación en los estímulos pueden ser importantes para mantener la excitación y el interés.

Algunas personas experimentan una especie de sinestesia durante el sexo, donde la estimulación de un sentido puede intensificar la percepción en otro. Por ejemplo, un toque suave puede sentirse más intenso si está acompañado de un susurro excitante.

El sistema nervioso central y periférico juega un papel crucial en la transmisión y procesamiento de los estímulos sensoriales. La liberación de neurotransmisores como la dopamina y la oxitocina durante la actividad sexual puede intensificar las sensaciones y contribuir a la sensación de placer y conexión emocional. La práctica de la atención plena o mindfulness puede aumentar la intensidad de las sensaciones durante la experiencia sexual. Estar completamente presente en el momento y enfocado en las sensaciones puede amplificar la percepción y el disfrute.

La percepción de la intensidad de los estímulos también está influenciada por factores psicológicos como el estado emocional, el nivel de estrés, y la conexión emocional con la pareja. La ansiedad o el estrés pueden disminuir la capacidad de disfrutar de los estímulos sensoriales, mientras que una conexión emocional fuerte puede intensificar la experiencia.

La intensidad, por su parte, está relacionada con los límites de tolerancia de los sentidos, los cuales tienen niveles de receptividad que van de menor a mayor, y luego vuelven a disminuir. Es decir, la intensidad inicial debe ser la mínima necesaria para que el cerebro registre el estímulo. Una vez captado, el estímulo debe aumentar en intensidad hasta alcanzar un nivel en el cual, por más que se incremente, no se logre una mayor reacción.

Por ejemplo, la música se puede captar a un volumen bajo. Sin embargo, en ocasiones no logra producir placer a menos que se suba a un nivel más allá de simplemente escucharla. No obstante, después de cierto nivel de volumen, ya no se pueden distinguir los instrumentos porque el sonido se vuelve tan alto que el oído lo recibe de forma distorsionada. Si aplicamos este ejemplo a la experiencia sexual, podemos entender por qué un roce suave seduce y excita inicialmente, pero luego se necesitan abrazos fuertes e intensos y apretones. De igual manera, acariciar y estimular el clítoris se hace de manera gradual. Si la persona no está excitada aún, el toque debe ser suave. Luego requiere mayor presión y estimulación. Imagina que estás despertando los sentidos y luego puedes aumentar la intensidad y jugar con ellos.

Los cinco sentidos están captando estímulos todo el tiempo, pero la atención preferencial que se les brinde dependerá no solo de la naturaleza del estímulo, sino también del patrón sensorial que hayamos establecido. Es decir, nuestro estilo y costumbre de captar información influirán al momento de decidir cuál estímulo atender con mayor facilidad y preferencia. Algunas personas experimentan una especie de *sinestesia* durante el sexo, donde la estimulación de un sentido puede provocar sensaciones en otro. Por ejemplo, ciertos sonidos o aromas pueden intensificar las sensaciones táctiles.

A menudo hablamos de nuestras preferencias sensoriales en contextos cotidianos, pero no siempre las relacionamos directamente con la experiencia sexual. Sin embargo, los sentidos juegan un papel crucial en el disfrute sexual, al igual que en otras áreas de la vida.

Por ejemplo, una persona con una preferencia visual puede encontrar que la apariencia de su pareja o el ambiente en el que se encuentran es fundamental para su excitación. La iluminación, la ropa, e incluso el orden del espacio pueden influir en su experiencia.

Para alguien con una preferencia olfativa, los aromas pueden ser extremadamente importantes. El olor natural de la pareja, el perfume, o incluso el ambiente pueden ser factores determinantes en su nivel de excitación.

Las personas con una preferencia táctil pueden encontrar que el contacto físico es esencial. La textura de la piel, la presión de los abrazos, y la sensación de caricias pueden ser lo que más disfrutan. Aquellos con una preferencia gustativa pueden encontrar placer en besar, lamer, y saborear a su pareja, disfrutando de los sabores y sensaciones que esto conlleva. Por otro lado, para quienes tienen una preferencia auditiva, los sonidos pueden ser clave. La voz de la pareja, los susurros, y los sonidos del entorno pueden ser extremadamente excitantes.

Reconocer y entender estas preferencias sensoriales puede enriquecer enormemente la experiencia sexual, permitiendo a las parejas explorar y disfrutar de maneras que quizás no habían considerado antes. Además, esto subraya la importancia de la comunicación y la experimentación en la intimidad, para descubrir qué es lo que realmente enciende a cada persona.

Las personas pueden ser clasificadas de acuerdo con su preferencia sensorial: visual, olfativa, táctil, gustativa y auditiva. Este tipo de clasificación se escucha a menudo de manera informal y espontánea en las conversaciones. Es frecuente escuchar expresiones como, por ejemplo:

"A esa hay que entrarle por los ojos".

"Cuando ella dice fó, es fó".

"Ese es un panadero, se pasa tocando".

"Ella se lo saborea todo".

"Él, después que tenga su música, no necesita nada más".

Cuando se habla de los sentidos, típicamente se hace en referencia a experiencias y gustos cotidianos, y no en relación al sexo. Es como si los sentidos jugaran un rol protagónico en el disfrute de la comida, por ejemplo, pero no en el disfrute sexual.

La persona que es visual, por ejemplo, tiende a ser más receptiva a estímulos visuales, pero también más selectiva con respecto a esos estímulos. Esta persona tiene colores favoritos y reacciona de manera diferente ante cada color. Se fija incluso en si los colores combinan o no, y para ella es importante el color de la piel y hasta el brillo de los ojos. Si tu color de pelo no le gusta, ya tienes un obstáculo. Y si odia la ropa negra, difícilmente la seducirás con un negligé negro. Si, por otro lado, tu pareja es olfativa y te le acercas con un fuerte olor a sudor, se te hará muy difícil lograr excitarla.

Por lo general, las personas tienden a asumir que su experiencia sensorial y sus gustos son similares a los de su pareja. Piensan que, si algo les atrae a ellos, también atraerá a su pareja. La persona que desea seducir normalmente utiliza con su pareja aquellos estímulos que a ella misma le excitarían, lo que podría no funcionar si en ambas personas se destacan sentidos sensoriales diferentes. Si, por ejemplo, una persona que es olfativa se pone perfume para seducir a su pareja, que es gustativa, podría tener problemas cuando la otra persona intente lamerla y se encuentre con el amargo sabor del perfume. Si, en cambio, se pusiera un poco de vino en la piel, la reacción de su pareja sería más positiva. Como puedes observar, es muy importante conocer tus preferencias sensoriales y las de tu pareja.

El estilo de percepción no solo influye en la manera en que disfrutas la experiencia sexual, sino también en la forma en que eliges seducir a tu pareja. Las personas tienden a enfocarse en el mismo tipo de estímulo sensorial que prefieren. Por ejemplo, una persona que es táctil disfruta enormemente de las caricias y tiende a acariciar al seducir. Si su pareja también es táctil, no habrá ningún problema. Pero si su pareja es visual, es posible que la persona no logre cumplir sus expectativas de excitación.

Una persona con una preferencia visual puede encontrar excitante la lencería elegante o una iluminación suave y romántica, mientras que alguien con una preferencia táctil puede valorar más el contacto físico, como caricias y masajes. De la misma manera, una persona auditiva puede ser seducida por susurros suaves y música sensual, mientras que una persona gustativa puede disfrutar de sabores y texturas en un contexto íntimo.

Es fundamental comunicarse abiertamente con la pareja sobre estas preferencias. La clave para una conexión más profunda y satisfactoria en una relación es entender y respetar las preferencias sensoriales de tu pareja. Cada persona tiene un "lenguaje sensorial" único, y lo que puede ser un estímulo excitante para uno, puede no serlo para otro.

Preguntar y experimentar juntos puede llevar a un mayor entendimiento y a una experiencia más enriquecedora para ambos. Además, ser consciente de estas diferencias puede evitar malentendidos y frustraciones, permitiendo que ambos disfruten plenamente de la intimidad.

En resumen, conocer y respetar las preferencias sensoriales de tu pareja no solo mejora la experiencia sexual, sino que también fortalece la conexión emocional y la comprensión mutua en la relación.

Descubre Tu Lenguaje Sensorial: una prueba para identificar tus sentidos favoritos

Si deseas saber cuáles son tus preferencias sensoriales a continuación encontrarás una serie de frases asociadas a experiencias relativas a los sentidos. Coloca una marca al lado de las frases con las que te identifiques:

1. Me encantan las personas de piel negra.

2. Me gusta ligar a mi pareja sin que ella se dé cuenta.

3. Cuando me presentan a una persona, lo primero que hago es mirarla a los ojos.

4. Prefiero hacer el amor con la luz encendida para poder observar a mi pareja.

5. Me encanta que mi pareja modele su ropa delante de mí.

6. Me gusta tener los ojos abiertos cuando beso a mi pareja.

7. Me fascina que mi pareja use perfume.

8. Los olores fuertes me irritan y no me ayudan a excitarme.

9. No tolero besar a alguien que huele a sudor.

10. Me encanta leer a los bebés acabaditos de bañar.

11. Me gusta poner incienso en mi casa.

12. Para mí es importante el olor que tengan las sábanas y toallas.

13. Escuchar música suavecita me relaja más que ver televisión.

14. En lugar de leerlas en una tarjeta, prefiero que me digan las palabras bonitas al oído.

15. Me parece romántico el sonido de la lluvia

16. Cuando hago el amor me molesta escuchar los ruidos de la calle

17. No me gusta el silencio.

18. Necesito escuchar los ruidos de la noche para poder dormir placenteramente.

19. Me encanta sentir la textura de las cosas.

20. Cuando me mido ropa nueva me fijo primero en lo cómoda que me siento con ella.

21. Me gusta que me acaricien personas que tengan las manos suaves.

22. No puedo dormir bien si las sábanas de la cama no son suavecitas.

23. Me fascina que me den masajes en la espalda.

24. Me molesta besar a alguien con barba o acariciar unas piernas sin afeitar.

25. Me gusta saborear la comida.

26. Cuando beso me fijo más en el sabor de la boca que en la textura de los labios.

27. Por más sed que tenga, si no me gusta el sabor de la bebida, no me la tomo.

28. Me encanta lamer la piel húmeda.

29. Me siento incómoda cuando beso una piel con sabor a perfume.

30. El sabor lo dice todo.

Si ya colocaste una marca al lado de cada una de las frases con las que te identificas. Traza una línea debajo de cada 6 frases, de forma que queden divididas en cinco grupos. Ahora suma la cantidad de marcas que hiciste en cada grupo. Las primeras 6 frases están relacionadas al sentido visual. El segundo grupo al olfato. El tercero al sentido auditivo, el cuarto al tacto y el quinto al gusto. Coloca en orden de mayor a menor los grupos de acuerdo con la cantidad de marcas que hiciste.

El grupo que aparece en primer lugar, con la mayor cantidad de marcas, es al que tiendes a darle mayor atención, y así sucesivamente hasta llegar al último. Si analizas los resultados, podrás ver cuáles son tus preferencias sensoriales. Pide a tu pareja que también haga el ejercicio para conocer cuán semejantes o diferentes son sus respectivos patrones de percibir estímulos.

Aunque normalmente uno de los sentidos se destaca más que los otros, los restantes cuatro también registran estímulos. La prioridad que le das a los diferentes sentidos constituye tu estilo perceptual. Es posible, por ejemplo, que el sentido visual sea el número uno en tu lista de prioridades, seguido por el táctil, auditivo, olfativo y gustativo. Es muy probable que los estímulos gustativos no llamen tanto tu atención como los visuales o auditivos. La ropa interior comestible, por ejemplo, no te entusiasmaría mucho, a menos que sea de un color que te atraiga, tenga un diseño sensual o una textura agradable para ti. Disfrutarías este tipo de ropa primero por los colores y luego por los sabores. Si esta ropa interior no logra apelar a tu sentido visual, es muy posible que nunca te animes a probarla.

El juego con los estímulos es crucial en la seducción y la experiencia sexual. Seducir será más fácil si apelas al sentido sensorial preferido de tu pareja. Una vez que hayas logrado entusiasmarla, puedes utilizar estímulos que sean de menor interés para ella. Durante el proceso de hacer el amor, puedes combinar distintos tipos de estímulos para crear una experiencia nueva en cada ocasión. Poco a poco, podrás identificar los estímulos que más y los que menos excitan a tu pareja. De igual manera, irás descubriendo los estímulos que te excitan más y menos a ti. Comparte esa información con tu pareja para que puedan ser creativos en el sexo y tener experiencias variadas y enriquecedoras.

El proceso de estimular los sentidos y crear un estado de excitación puede convertirse en un juego interesante. A continuación, encontrarás algunos puntos clave y consejitos relacionados a cada uno de los sentidos.

Explorando el Lenguaje Sensorial en la Seducción

Sentido Visual

Las personas con una preferencia visual disfrutan de ver, mirar y observar. Tienden a preferir tener la luz encendida cuando está con su pareja. Se puede apelar al sentido visual de distintas maneras, ya sea a través de colores, diseños o contrastes. Los colores tienen un impacto diferente según el contexto en que se observen. El color rosa en una pared, por ejemplo, no tendrá el mismo efecto que en una prenda íntima. Hay colores como el rosa y el crema que, en el ambiente, tienden a provocar un estado de relajación. Otros, como el rojo, el verde y el negro tienden a motivar una reacción menos pasiva y, en ocasiones, pueden tanto excitar como desmotivar.

Usa ropa que resalte tus mejores atributos. Por otro lado, el impacto de los colores de una prenda de vestir dependerá del color de la piel de la persona que la usa. A las personas de tez blanca, por ejemplo, les quedan bien los colores pasteles, mientras que las personas de piel trigueña, que lucen radiantes con colores brillantes, se ven pálidas con los colores pasteles. Es importante evaluar el impacto de los colores en ti y en tu pareja para conocer cuáles son los que más les favorecen y cuáles logran en ustedes un efecto sensual.

La desnudez apela al sentido visual y, por lo general, las personas la utilizan como estrategia para seducir. Sin embargo, la semi-desnudez puede ser más estimulante que la desnudez total. La ropa íntima que sugiere y las sábanas que cubren parte del cuerpo, por ejemplo, tienden a apelar a la fantasía, que no es otra cosa que la imaginación. Evalúa el impacto de todo lo que utilicen para apelar al sentido visual. Si descubres que algo logra excitarte a ti o a tu pareja, toma nota. Tenlo en mente como una señal de las preferencias sensoriales de tu pareja y las características de lo que hicieron. Utilízalo esporádicamente, no con mucha frecuencia, para que no pierda su poder de excitación. Es necesario mantenerlo como algo novedoso o poco usual y alterarlo levemente para crear variedad.

Los estímulos visuales se pueden combinar con otros estímulos sensoriales para lograr un mayor impacto. Las velas con fragancia, por ejemplo, pueden combinar el estímulo del olor con el de la luz tenue. Unas sábanas de seda con un diseño sensual pueden apelar tanto al sentido visual como al táctil.

Al igual que utilizas estímulos visuales para excitar a tu pareja, debes tratar de eliminar aquellos estímulos que resulten contraproducentes. Por ejemplo, para algunas personas puede ser desalentador hacer el amor en un lugar desordenado. En ese caso, las luces encendidas que permiten observar detalles del desorden pueden ser un elemento negativo.

Sentido Olfativo

Las personas con una preferencia olfativa tienden a clasificar el mundo y sus experiencias basándose en los olores. Su sentido del olfato se mantiene activo todo el tiempo, incluso llegando a identificar a las personas según su aroma. Estos procesos ocurren de manera inconsciente, sin que las personas sean plenamente conscientes o estén alertas a lo que huelen. Aunque en ocasiones no puede describir algunos olores con palabras, puede distinguirlos claramente. "'¡Uy! Hoy hueles a Julio".

Si una persona desea seducir mediante un estímulo olfativo cuenta con la ayuda de productos tales como perfumes, aceites esenciales, inciensos. Las fragancias están diseñadas para excitar y atraer, de manera que pueden ser utilizadas en el proceso de seducir.

Sin embargo, no se debe subestimar el impacto positivo de los olores naturales del cuerpo. Hay personas que solo usan productos perfumados desde, jabones hasta rociador de pelo. Estas personas, además de tener una mezcla increíble de fragancias, no permiten que se perciba su olor natural. Se tiende a pensar que los olores naturales del cuerpo son ofensivos, lo cual es falso. El olor de las toxinas que elimina el cuerpo en el sudor pueden ser ofensivas, pero los aceites naturales del cuerpo no lo son. La piel no necesita perfumes artificiales para oler bien. Las parejas pueden explorar con el olfato sus respectivos olores excitantes.

Entre los elementos olfativos que puedes utilizar como fragancia para crear un ambiente romántico, figuran el mar, la arena y la grama, entre muchos otros. También puedes conseguir inciensos y perfumes hechos a base de flores y elementos de la naturaleza que resultan ser una alternativa estimulante, al igual que las velas y aceites para masajes con fragancia. Es necesario que la pareja explore con sus narices para encontrar alternativas novedosas y creativas.

Sentido Auditivo

La ciencia ha investigado bastante sobre cómo los sonidos y la música afectan nuestras emociones y estados de ánimo, incluyendo el contexto de la intimidad y la excitación. Aquí te comparto algunos puntos interesantes:

La música tiene la capacidad de activar varias áreas del cerebro, incluyendo aquellas relacionadas con la emoción, la memoria y la recompensa. Esto se debe a la liberación de neurotransmisores como la *dopamina*, que está asociada con el placer y la recompensa.

La música y ciertos sonidos pueden evocar recuerdos y emociones específicas debido a la forma en que el cerebro asocia estos estímulos con experiencias pasadas. Esto es conocido como "memoria episódica", y es por lo que una canción puede transportarte a un momento específico de tu vida.

El ritmo de la música puede influir en el ritmo cardíaco y la respiración, lo que a su vez puede afectar el estado de ánimo y el nivel de excitación. Por ejemplo, ritmos más rápidos pueden aumentar la excitación y la energía, mientras que ritmos más lentos pueden tener un efecto calmante.

Estudios han demostrado que los sonidos de la naturaleza, como el canto de los pájaros o el sonido del agua, pueden tener un efecto relajante y reducir el estrés. Esto se debe a que estos sonidos son percibidos como no amenazantes y pueden ayudar a crear un ambiente de tranquilidad.

La voz humana, especialmente cuando se usa para susurrar palabras dulces o eróticas, puede ser extremadamente efectiva para crear un ambiente íntimo. Esto se debe a la proximidad emocional y física que la voz puede transmitir.

Es importante tener en cuenta que las respuestas a la música y los sonidos son altamente individuales. Lo que funciona para una persona puede no funcionar para otra, por lo que es crucial explorar y descubrir qué tipos de sonidos y música son más efectivos para ti y tu pareja.

La persona cuya preferencia sensorial es la auditiva es toda oídos. Anda por el mundo captando sonidos, tonos de voz y melodías. Hay personas que están tan dirigidas por el sentido auditivo que, incluso en silencio, su mente está llena sonidos. Estas personas pueden encontrar una gran satisfacción en la música y en los ambientes sonoros bien diseñados. Para ellas, el sonido no es solo un estímulo externo, sino una parte integral de su experiencia diaria y emocional. Por lo tanto, es importante considerar sus preferencias auditivas al crear un ambiente que les resulte agradable y estimulante.

Los estímulos auditivos no se limitan a la música, la mayoría de los sonidos pueden llegar a excitar o a desanimar a una persona auditiva. Sonidos como el caer de la lluvia o el canto de las aves pueden excitar a una persona. La clave es *utilizar* los sonidos para lograr un estado de excitación. Pon música suave y romántica de fondo y susurra palabras dulces o eróticas al oído de tu pareja, y usa tu voz para crear un ambiente íntimo y excitante.

Todos los sonidos tienen una melodía y ritmo propios, al igual que la música.

Varían de ritmo y melodía, y la pareja puede alterar el ritmo de sus movimientos controlando los sonidos en el ambiente. Se pueden utilizar sonidos relajantes, por ejemplo, para estimular a una persona que está muy tensa y fuera de concentración. En ese caso, el ritmo de los sonidos debe ser suave y consistente. Si, por otro lado, tu pareja está muy cansada, debes utilizar ritmos acelerados y variados para evitar que se duerma. Una vez tu pareja esté motivada, puedes utilizar música suave y romántica.

La música, al igual que algunos sonidos, se asocia fácilmente con experiencias pasadas, escenas románticas de películas y lugares especiales. Hay canciones que las parejas tienden a asociar como la primera vez que bailaron o se besaron. Es importante que explores junto a tu pareja cuáles son las asociaciones que hacen al escuchar ciertos sonidos y canciones. De esta manera, podrás programarlos para revivir las sensaciones y experiencias agradables. Por ejemplo, una pareja que haya disfrutado de unas vacaciones en un lugar romántico rodeado de sonidos de aves, riachuelos y cascadas, podría reactivar esas sensaciones al escuchar en su hogar grabaciones de sonidos similares a los escuchados en aquella ocasión. Utilizar estos estímulos auditivos puede ayudar a crear un ambiente íntimo y evocador, fortaleciendo la conexión emocional entre ambos.

Los ruidos, sin embargo, pueden ser un problema serio cuando no se pueden controlar. Si a la hora de hacer el amor una persona tiende a distraerse con los ruidos de la calle o una gotera que no deja de caer, puede confrontar dificultades para disfrutar la experiencia sexual. Es frecuente que las personas peleen y se irriten con los ruidos que no desean escuchar. Sin embargo, si en lugar de molestarse, la persona escuchara el sonido con detenimiento, le buscara el ritmo y tratara de acoplarse a él, es posible que lograra integrarlo a tal punto que no lo escuchara más. Si no lograra integrarlo solo, podría mezclarlo con otros sonidos hasta que encontrara un nuevo ritmo.

La ciencia sugiere que la capacidad de adaptación a los ruidos ambientales puede variar de persona a persona. Algunas investigaciones indican que la exposición prolongada a ruidos molestos puede aumentar los niveles de estrés y ansiedad, lo que a su vez puede afectar negativamente la concentración y el disfrute de actividades placenteras, como el sexo. Sin embargo, técnicas de mindfulness y atención plena pueden ayudar a algunas personas a aceptar y adaptarse a estos ruidos, reduciendo su impacto negativo.

Si nada de esto te funciona, entonces podrías intentar ponerte tapones para los oídos. Otra alternativa para la persona que está irritada por algún sonido en el ambiente es ponerse audífonos y escuchar música que le agrade. Los audífonos pequeños son aparatos que no interfieren con el disfrute sexual de una manera significativa. Además, la música puede actuar como una distracción positiva, ayudando a enmascarar los ruidos molestos y creando un ambiente más relajado y propicio para la intimidad.

La música puede influir en nuestro estado emocional y fisiológico. Por ejemplo, la música con ritmos rápidos y energéticos, como el rock, puede aumentar la excitación y la energía, especialmente si ya estás en un estado de tensión o excitación. Esto se debe a que los ritmos rápidos pueden sincronizarse con tu ritmo cardíaco y respiratorio, elevando tu nivel de activación.

La efectividad de la música para inducir ciertos estados emocionales también depende de las preferencias individuales. Si prefieres música suave y relajante, es probable que la música intensa no tenga el mismo efecto positivo en ti. La familiaridad y el gusto personal juegan un papel crucial en cómo respondemos a diferentes tipos de música.

La excitación y la relajación a menudo se logran de manera gradual. En la ciencia, la teoría de la "curva de excitación" sugiere que la estimulación debe aumentar progresivamente para mantener el interés y la excitación. Comenzar con música suave y aumentar gradualmente la intensidad puede ser más efectivo para lograr un estado de excitación sostenido.

La música y los sonidos pueden evocar recuerdos y emociones asociadas con experiencias pasadas. Esto se debe a la conexión entre el sistema auditivo y el sistema límbico, la parte del cerebro que regula las emociones. Por lo tanto, escuchar música que te recuerde momentos felices o románticos puede intensificar las emociones positivas y la conexión emocional con tu pareja.

La música también puede tener efectos fisiológicos, como la liberación de dopamina, una hormona asociada con el placer y la recompensa. Esto puede contribuir a un estado de bienestar y excitación.

En resumen, la ciencia respalda la idea de que la música y los sonidos pueden tener un impacto positivo en nuestras emociones y estados de ánimo. La clave está en elegir los estímulos auditivos que mejor se adapten a tus preferencias y estado emocional actual, y utilizarlos de manera gradual para maximizar su efecto. Puedes utilizarlos de manera efectiva para mejorar la experiencia emocional y la pasión en la intimidad.

Sentido Táctil

A la persona que es táctil le gusta acariciar y ser acariciada. Le fascina explorar con sus dedos las diferentes texturas y elige su ropa según lo que siente al tocarla. Todos los seres humanos, de una manera u otra, disfrutamos del contacto físico. La piel es el órgano más grande del cuerpo humano y está compuesta por distintas células, algunas más sensibles que otras. Las áreas sensibles, como los genitales, senos, orejas, mejillas y labios, contienen una alta concentración de terminaciones nerviosas que se activan con mayor facilidad.

Los labios, por ejemplo, tienen una piel fina, pero con una gran densidad de células sensoriales. Al activarse, estas células pueden provocar la liberación de oxitocina, una hormona que juega un papel crucial en la formación de vínculos emocionales y en la sensación de placer. Al tocarlos suavemente, se puede producir una sensación placentera y relajante.

Sin embargo, si estas áreas sensibles se estimulan demasiado al principio, la persona puede sentir cosquillas o incluso molestia. Esto se debe a que el sistema nervioso necesita tiempo para adaptarse a los estímulos. Cuando una persona está muy excitada, estas áreas pueden requerir una estimulación más intensa para registrar el estímulo de manera efectiva y proporcionar una sensación de placer.

El clítoris de la mujer y el pene del hombre, por ejemplo, son extremadamente sensibles al tacto y a la temperatura. Si se tocan o estimulan con fuerza desde el principio, pueden causar molestia e irritación. Sin embargo, si se estimulan suavemente al inicio, una vez excitados, se puede preferir una estimulación más vigorosa. Las personas que disfrutan de mordiscos cariñosos al comienzo de la experiencia sexual, por ejemplo, una vez excitadas, toleran y disfrutan mordiscos más intensos.

La ciencia también ha demostrado que el contacto físico, como las caricias y los abrazos, puede reducir los niveles de cortisol, la hormona del estrés, y aumentar los niveles de oxitocina, lo que contribuye a una mayor sensación de bienestar y conexión emocional. Por lo tanto, explorar y entender las preferencias táctiles de tu pareja puede enriquecer significativamente la experiencia íntima y fortalecer el vínculo emocional entre ambos.

Es importante variar los estímulos táctiles que utilices con tu pareja y combinarlos con estímulos dirigidos a otros sentidos. Hacer el amor sobre césped húmedo, por ejemplo, puede resultar muy excitante para las personas táctiles y olfativas, al igual que los aceites perfumados. Asimismo, los aceites de masaje comestibles pueden entusiasmar a las personas táctiles y gustativas, mientras que una camisa de seda puede motivar a personas táctiles y visuales.

La ciencia respalda la idea de que la estimulación multisensorial puede intensificar las experiencias emocionales y físicas. Por ejemplo, estudios han demostrado que el tacto, el olfato y el gusto pueden activar diferentes áreas del cerebro, lo que puede aumentar la sensación de placer y conexión emocional. Además, la observación y la comunicación no verbal son esenciales para entender las preferencias y reacciones de tu pareja, lo que puede mejorar la intimidad y la satisfacción mutua. Es necesario observar a tu pareja y determinar cuáles estímulos prefiere y cómo utiliza su cuerpo para captar sensaciones. El lenguaje del cuerpo es rico en expresiones; es cuestión de aprender a descifrarlo.

Sentido Gustativo

El sentido del gusto y las experiencias sensoriales relacionadas con la boca y la lengua pueden influir en nuestras emociones y comportamientos. La persona gustativa, que disfruta explorando el mundo a través del sentido del gusto, tiende a utilizar su boca y lengua para experimentar y clasificar nuevas sensaciones. Este tipo de personas suelen describir sus experiencias utilizando términos relacionados con el sabor, como "rica", "sosa" o "agria". En el contexto de la intimidad, pueden calificar el sexo como "sabroso" y expresar que su pareja está "como para comérsela". Les gusta lamer, chupar, mamar y besar, siempre en busca de nuevos sabores.

Saborear la piel de una pareja puede ser una experiencia rica y variada, llena de sorpresas agradables. El sabor de los aceites naturales del cuerpo puede variar según la dieta y el estado de salud de la persona. Generalmente, se presta especial atención a los sabores de los genitales, la boca y los senos, pero otras áreas como las axilas, el cuello, los pies, las manos, las orejas y las nalgas también pueden ofrecer sabores que resulten excitantes y estimulantes.

Desde una perspectiva científica, el sentido del gusto está estrechamente relacionado con el sistema límbico, que es la parte del cerebro que regula las emociones. Esto significa que las experiencias gustativas pueden tener un impacto significativo en nuestras emociones y en cómo percibimos nuestras interacciones con los demás. Además, la estimulación oral puede liberar endorfinas y oxitocina, hormonas que están asociadas con el placer y la vinculación emocional.

Los alimentos son un elemento gustativo que se puede explorar a la hora de seducir y hacer el amor. El vino, las jaleas, las cremas, los licores y las frutas pueden untarse en la piel para lograr sensaciones sabrosas y variadas. La ciencia sugiere que hay una conexión profunda entre el placer de comer y la experiencia erótica, mediada por factores neuroquímicos, sensoriales, culturales y psicológicos.

Ambos pueden ser fuentes de gran placer y bienestar cuando se disfrutan de manera consciente y saludable.

Hay varios puntos interesantes a considerar:

Tanto el placer de comer como el placer sexual están relacionados con la liberación de neurotransmisores como la dopamina y la serotonina, que son responsables de las sensaciones de placer y bienestar. Además, la oxitocina, conocida como la "hormona del amor", también juega un papel importante en ambos contextos.

Comer y la experiencia erótica involucran múltiples sentidos: el gusto, el olfato, la vista, el tacto y, en algunos casos, la audición. La combinación de estos estímulos puede intensificar la experiencia global. Por ejemplo, el sabor y el aroma de ciertos alimentos pueden aumentar la excitación sexual.

La cultura y la psicología también influyen en cómo se perciben y disfrutan tanto la comida como el sexo. En muchas culturas, ciertos alimentos son considerados afrodisíacos y se cree que aumentan el deseo sexual. Además, la presentación y el ritual de comer pueden tener connotaciones eróticas.

La salud física y la dieta pueden afectar tanto el placer de comer como la experiencia sexual. Una dieta equilibrada y saludable puede mejorar la energía y el bienestar general, lo que a su vez puede mejorar la libido y la satisfacción sexual.

Comer juntos puede ser una experiencia íntima que fortalece la conexión emocional entre las parejas. Compartir una comida puede ser un preludio a la intimidad sexual, creando un ambiente de cercanía y confianza.

La práctica de mindfulness, o atención plena, puede aumentar el placer tanto en la comida como en el sexo. Estar presente en el momento y prestar atención a las sensaciones puede intensificar la experiencia y hacerla más gratificante. Si te acostumbras a prestarle atención a los sabores y texturas de tus alimentos y disfrutarlos puedes hacer lo mismo cuando estes "saboreando a tu pareja."

El gusto está relacionado en gran medida con el sentido olfativo. La ciencia ha demostrado que el olfato y el gusto están estrechamente conectados, ya que ambos sentidos trabajan juntos para crear la percepción del sabor. Si quieres apelar al sentido del gusto de tu pareja, también puedes utilizar fragancias asociadas a alimentos y frutas. Existen aceites con olores que, aunque no saben a lo que huelen, pueden provocar en tu pareja gustativa una reacción positiva.

Hay personas que se resisten a sostener sexo oral porque les disgusta el sabor del semen o del flujo vaginal. Gran parte de ese disgusto es aprendido. La ciencia sugiere que nuestras percepciones y aversiones hacia ciertos sabores pueden ser influenciadas por factores culturales y sociales. Es frecuente escuchar frases negativas para aludir a la genitalia y se recalca la necesidad de limpiar la vagina y el pene para eliminar olores y sabores desagradables. En ocasiones, el flujo vaginal y el semen pueden ser un poco ácidos, pero el aseo regular de la genitalia logra eliminar los olores y sabores asociados a la orina y el sudor.

Si estás prejuiciada en relación con la genitalia, no disfrutarás esos sabores naturales. Y si no estás prejuiciada, pero no te entusiasma mucho el sabor, piensa que, al igual que con el vino y algunos licores, es un gusto que se adquiere. La ciencia también ha encontrado que la exposición repetida a ciertos sabores puede llevar a una mayor aceptación y disfrute de esos sabores con el tiempo. Si tu pareja insiste y aún no logras vencer el prejuicio o no te acaba de gustar, puedes utilizar jaleas, vino u otros alimentos para cambiar el sabor mientras experimentas el sexo oral.

Las fantasías

Las fantasías sexuales son en gran medida experiencias sensoriales imaginarias. Aunque las fantasías añaden elementos como las dinámicas interpersonales, en ellas, los sentidos también están presentes. El cerebro tiene la capacidad de generar imágenes con una gran variedad de elementos sensoriales: colores, olores, sensaciones físicas, sabores y sonidos. Estas imágenes tienen un impacto significativo, tanto es así que pueden excitar y provocar el orgasmo sin necesidad de contacto físico.

La neurociencia ha demostrado que las áreas del cerebro responsables de procesar las sensaciones físicas también se activan durante las fantasías sexuales. Esto explica por qué muchas personas pueden experimentar un orgasmo mientras sueñan, sin estar respondiendo a las caricias de una pareja. Este fenómeno se conoce como "orgasmo nocturno" o "sueño húmedo" y es más común de lo que se piensa.

Durante la experiencia íntima, algunas personas fantasean con lugares, circunstancias y hasta con otras personas. Estas fantasías pueden ser tan vívidas que la persona siente que su ídolo les hace el amor o que saborean o acarician a otras personas. Las fantasías sexuales a menudo contienen experiencias que apelan a los sentidos, lo que aumenta la excitación y el placer.

Por ejemplo, aunque estés haciendo el amor en la cama, podrías imaginarte que estás bailando con tu pareja, especialmente si disfrutas mucho el bailar. Esta capacidad de la mente para crear escenarios sensoriales detallados y placenteros es una herramienta poderosa para enriquecer la vida sexual y emocional.

Las fantasías frecuentemente contienen experiencias prohibidas o que la persona no se atreve a explorar con su pareja. Las fantasías pueden ser un buen ensayo o plano para diseñar experiencias sexuales nuevas, con la posibilidad de convertirlas en realidad o mantenerlas en el anonimato.

No pienses que tus fantasías se convertirán automáticamente en realidad, ni te sientas culpable o atemorizada por tenerlas. Recuerda que esas fantasías solo existen en tu imaginación y solo tú decides si las compartes o no. También es importante que entiendas que los intentos de llevar las fantasías a la realidad frecuentemente causan desilusión, ya que, por lo general, las fantasías son mejores que la realidad. Si por casualidad tu fantasía se hace realidad, pero te decepciona, recuerda que tienes la posibilidad de inventarte una fantasía nueva.

Disfrute sexual sin sexo

La experiencia sexual no tiene que ser dicotómica, todo o nada. No siempre las caricias sexuales nos llevan al sexo o al orgasmo. Cuando experimentamos contactos asociados con tener sexo, estos pueden ser el inicio de un encuentro más prolongado y llegar al orgasmo. Los abrazos, las miradas, los roces breves y los besos pueden ser lujuriosos, pero no obligan al sexo. He escuchado como queja frecuente que el hombre, cuando entiende que no podrá, por alguna razón, corresponder de manera sexual a su pareja, ni se le acerca. Si lo tocan, se incomoda, aunque por lo general disfruta las caricias mientras tiene sexo. Para las mujeres, la experiencia puede ser muy diferente. Un beso intenso al despedirse de su pareja no necesariamente significa que necesita y debe tener sexo en ese momento.

La experiencia neurológica que registra las caricias sensuales y las disfruta sin terminar en la intimidad sexual puede ser muy saludable físicamente al igual para la relación de pareja. Los encuentros breves llamados "quickies", pueden ser una alternativa muy positiva en todo el sentido de la palabra. Estas experiencias provocan la presencia mayor de dopamina, sustancia química, que trae muchos beneficios en el estado de ánimo además de producir placer.

Nota final

El sexo con tu pareja es una experiencia que debes valorar y respetar. A pesar de las muchas dificultades que pueden surgir, el disfrute sexual debe ser parte integral de la vida en pareja. La creatividad requiere interés, entusiasmo, esfuerzo y, sobre todo, la flexibilidad y disposición a intentar lo nuevo y desconocido. El sexo creativo es un juego que causa mucho placer y tiene muchas posibilidades, pero como todo juego, tiene unas reglas básicas:

No se juzga.

No se obliga.

No se hace trampa.

No se miente.

Si se compite, debe ser por el puesto del que más disfruta y no por el de quien hace mejor el amor.

Eso sí. Juégalo con tu pareja, cuántas veces desees.

Te deseo mucho éxito.

www.ingramcontent.com/pod-product-compliance
Lightning Source LLC
Chambersburg PA
CBHW020414150626
46554CB00013B/963